AF349551

EDIT DV ROY,

PORTANT,

Vnion des Offices de Garde-Seel,
au corps de ceux des Eslections.

Mars 1639.

*Verifié en la Cour des Aydes à Bordeaux
le sixiesme de May 1639.*

*Nota ce mesme Edit
adressé à la Cour des aydes
de Paris est datté d'avril
1639. et registré à la
ditte cour le 14 dudit, et
à la cour des aydes de Caen le 10
juin 1639.*

A PARIS,

Par PIERRE ROCOLET,

Imp. & Libraire ordinaire du Roy.

*Au Palais, en la gallerie des Prisonniers,
aux Armes du Roy & de la ville.*

M. DC. XXXIX.

Auec Priuilege de sa Majesté.

(1)

Edict du Roy , portant Vnion des Offices de Garde-feel , au corps de ceux des Eflections. Verifié en la Cour des Aydes à Bourdeaux le 6. May 1639.

LOVIS par la grace de Dieu Roy de France & de Nauarre : A tous ceux qui ces prefentes lettres verront, falut. Comme l'vfage d'appofer le Sceau à tous les actes publics, pour les valider & authorifer, foit fort ancien, & l'vne des marques de Souueraineté; les Roys nos predeceffeurs ont creé & eftably en chacun Siege & Iuftices ordinaires vn office de Garde du petit Seel, en fuitte de-

A ij

quoy nous aurions par noſtre Edict
du mois de Mars 1618. eſtably ledit
Officier en chacune Eſlection, & rei-
glé leur fonction : Mais leſdits Offices ayans eſté leuez par des perſonnes
qui ſe ſont contentées de jouyr des
huict deniers pour liure a eux attribuez, ſur toutes les impoſitions par
nous ordonnées ſans faire l'exercice
deſdites charges , Nous aurions ſup-
primé par noſtre Edict du mois de
Feurier 1634. ladite attribution de
huict deniers pour liure, & laiſſé ſeu-
lement auſdits Offices le droict du
ſeellé des roolles & expeditions;
Nous reſeruans de pouruoir par vn
autre ordre & faire obſeruer le regle-
ment porté par ledit Edict : Depuis
lequel temps nous ayant eſté faict
plainte par les Officiers de nos Eſle-
ctions , de ce que les pourueus deſdits Offices de Garde-ſeel , auoient

 entierement abandonné leur exercice & representé la necessité dudit
Seau pour authoriser les actes qui
sont emanez d'eux, Nous aurions
estimé n'y auoir autre meilleur moyé
que d'vnir lesdits Offices de Garde-
seel à ceux desdites Eslections, pour
estre par eux exercez par rang & ordre. Ce qu'ayant mis en deliberation
en nostre Conseil, & fait voir en ice-
luy les Edicts & Reglemens pour
l'establissement & fonction desdits
Offices de Garde-seel esdites Eslections : Ensemble l'Edict de suppres-
sion dudit droict de huict deniers
pour liure a eux attribuez. DE l'aduis
de nostre Conseil, & de nostre certai-
ne science, pleine puissance, & au-
thorité royale, NOVS auons par ces
presentes signées de nostre main, dit,
declaré & ordonné , Disons decla-
rons, ordonnons, voulons & nous

plaiſt, en conſequence de noſtredit
Edict du mois de Feurier 1634. Que
les pourueus des Offices de Garde-
ſeel en chacune Eſlection des reſſorts
desCours des Aydes de Paris,Roüen,
Caen, Clermont-ferrand & Guyenne, qui n'auront eſté entierement
rembourſez de la finance par eux
payée en nos coffres pour les droicts
du Sceau,des roolles, & autres expeditions a eux reſeruez par noſtredit
Edict,ſoient tenus rapporter dans vn
mois leurs contracts d'acquiſition &
quittances de finance pardeuant les
Commiſſaires par nous à ce deputez
pour proceder à la liquidatió d'icelle,
ſur laquelle leur ſera pourueu de rem-
bourſement, & pour pourueoir à l'e-
xecution entiere de noſtre Edict du
mois de Mars 1618. & empeſcher les
abus en la leuée de nos tailles & autres deniers extraordinaires , Nous

auons vny & incorporé, vniſſons &
incorporons leſdits Offices de Gar-
des des petits Seaux deſdites Electiós
au corps des officiers d'icelles, pour
eſtre par eux tenus & exercez inſe-
parablement auec leurs autres offices.
Et ledit Seau tenu par les Preſidents,
Lieutenans, Aſſeſſeurs, Eſleus, & Có-
troolleurs, eſleus par rang & ordre de
leurs receptiós & inſtallatiós de mois
en mois, auſquels nous ordonnons
& enjoignons de ſeeller, tous les de-
partemés qui ſerót par eux faits pour
la leuée des deniers ordinaires & extraordinaires, tát pour nous que pour
les affaires particulieres des communautez, leſquels ſeront paraphez à
chacun feuillet & au dernier d'iceux
ſera mis & cotté le iour du ſeellé par
celuy des Officiers de l'eſlection qui
ſera en mois pour l'exercice dudit
Seau : Et ſeront de meſme ſeellées les

minuttes & groſſes des commiſſions
qui ſerót enuoyées és Parroiſſes pour
leſdites leuées, & les roolles des expeditions des cottes, taxes & aſſiettes,
faites par les Aſſeeurs des tailles deſdites parroiſſes : leſquels roolles ſeront pareillemét paraphez & ſignez,
ainſi que ledit departement:Comme
auſſi ſeront ſcellez tous autres mandemens deſdits Preſidents & Eſleus,
les ſous-baux generaux & particu-
liers qui ſeront faicts par les fermiers
des droicts d'ayde, les commiſſions
deliurées aux clercs, commiſſaires
deſdites Aydes, les contraintes qui
s'expedieront par les receueurs de nos
tailles & taillon, & toutes ſentences,
iugements, & autres actes emanez
deſdits Eſleus, & qui giſent en execution, lequel Seau ſera appoſé au-
parauant que de deliurer leſdits actes
aux parties: Et afin qu'elles ne ſoient
retar-

retardées, le Seau de chacune Ellection, auquel seront grauées nos armes, & le nom de l'Elleﬁion, sera mis
en vne armoire particuliere dans le
Greffe, dont le President, Lieutenát,
Controolleurs, ou Esleus qui seront
en mois pour faire ladite fonﬁion,
tiendront la clef, & se trouueront à
dix heures du matin de chacun iour
iusques à vnze heures, pour apposer
ledit Seau. Faisant deffenses à toutes
personnes d'auoir esgard ausdits
actes & d'y obeyr, & à tous Sergens
de les mettre à execution, s'ils ne sont
authorisez dudit Seau , & pour retrá-
cher les abus qui se commettent en la
leuée de plusieurs deniers extraordinaires contre nos intentions. O R-
D O N N O N S ausdits Presidents, Lieutenans, & Esleus, chacun en l'exercice dudit Seau, de faire & tenir regi-
stre qui sera signé & paraphé à cha-

B

cun fueillet par le Prefident & noftre Procureur, de toutes les leuées de deniers qui fe feront pédant le cours de chacune année fur les Parroiffes de leur Eflection, contenant la fomme, la caufe, & en vertu de quelles commiffions, foit pour nous ou pour les affaires des communautez: & chacun defdits Officiers tenant le Seau, fignera ce qu'il en aura feellé, pour eftre enuoyé coppie dudit regiftre à la fin de chacune année figné defdits Prefidents, Lieutenans, Efleus, noftre Procureur & Greffier és mains du Secretaire de noftre Confeil, pour y auoirrecours: Et afin que les Officiers defdites Eflections ayent quelque fatisfaction & emolument de leur employ. Nous leur auons attribué & attribuons par ces prefentes pour droit de Seau defdits defpartemens, commiffions, roolles, mandemens, &

contraintes des Receueurs des tailles
& taillon qui font decernées par chacune année la fomme de cét fols pour
Parroiffe de droict fixé & certain, qui
fera leué pour chacune Parroiffe de
l'Ellection au fol la liure du principal
de la taille, ainfi que les autres droits
defdits Officiers, fans pouuoir pre-
tendre autre plus grand droict, fi ce
n'eft pour le Seau des leuées & commiffions extraordinaires, reimpofi-
tions de nos contracts, fous-baux, iu-
gemens, fentences, & autres actes
qui gifent à execution, pour chacun
defquels fera payé cinq fols. Voulons
que ladite fomme de cent fols pour
Parroiffe de droict fixé, foit employé
dans les commiffions qui feront par
nous enuoyées chacun an pour la leuée de nos tailles, à commencer en
l'année prochaine, pour eftre payé &
aduancé par les Affeeurs, en rappor-

B ij

rant verifier & feeller lefdits roolles,
és mains de celuy qui fera cómis par
lefdits Efleus, fans eftre tenu d'en
rendre aucun compte qu'aufdits officiers pour le partager auec les autres
droicts dudit Seau, & autres deniers
qu'ils mettent en bourfe commune:
Et pour le regard de la prefente année pour laquelle nos commiffions
font enuoyées, ledit droict de cent
fols pour Parroiffe, fera employé au
profit des Officiers defdites Eflectiós
dans le premier defpartement qu'ils
enuoyeront dans les Parroiffes au
courant d'icelle, pour eftre payé cóme
deffus. VOVLONS & nous plaift
que lefdits Offices de Garde-feel,
prefentement vnis au corps des offices defdites Eflections, n'en puiffent
eftre des-vny, n'y que pour raifon
d'iceux lefdits Offices puiffent eftre
taxez pour droict de marc d'or, con-

firmation ou supplement, ou leurs offices plus haut eualuez pour le payement du prest & droict annuel, ny de prendre autres lettres de prouision ou contract que ces presentes, signées par collation de l'vn de nos amez & feaux Conseillers & Secretaires, auec quittances du Thresorier de nos parties casuelles, des sommes ausquelles lesdits officiers de chacune Eslection seront moderément taxez en nostre Conseil, tant pour la jouyssance desdits droicts de Seau, que pour le remboursement des acquereurs & proprietaires desdits offices de Garde-seel. Si donnons en mandement à nos amez & feaux Conseillers, les gens tenans nostre Cour des Aydes de Guyenne, Presidents, Thresoriers de France, & autres nos Officiers qu'il appartiendra, que ces presentes ils fassent lire, pu-

blier, regiftrer, & obferuer inuiola-
blement : fans permettre ou fouffrir
qu'il y foit contreuenu : ceffant & fai-
fant ceffer tous troubles & empefche-
mens quelsconques, nonobftát tous
Edicts, Declarations, Arrefts, & autres chofes contraires, aufquelles à la
derogatoire des derogatoires nous
auons defrogé & defrogeons par ces
prefentes, à la copie defquelles deuë-
ment collationnée par l'vn de nos a-
mez & feaux Confeillers & Secretaires, voulons foy eftre adiouftée cóme
à l'original : Car tel eft noftre plaifir.
Et afin que ce foit chofe ferme & fta-
ble à toufiours, nous auons faict mettre noftre feel à cefdites prefentes, fauf
en autres chofes noftre droict, & l'au-
rruy en toutes.

Donné à Sainct Germain en Laye,
au mois de Mars, l'an mil fix cents
trente-neuf : & de noftre regne le

vingt-neufiefme. Signé, LOVIS,
Et plus bas, Par le Roy, PHELIPEAVX,
à cofté VISA. Et feellé du grand feau
de cire verte, en lacs de foye rouge &
verte. Et encores eft efcrit,

*Leu, publié, & regiftré, ouy & ce re-
querant le Procureur general, du tres-ex-
pres commandement du Roy, porté par
Monfieur le Prince, pour eftre executé fe-
lon fa forme & teneur. Faict à Bordeaux
en la Cour des Aydes, le 6. de May mil
fix cents trente-neuf. Signé BVSSIERE.*

Collationné à l'Original par moy Confeiller
& Secretaire du Roy, & de fes Finances

www.ingramcontent.com/pod-product-compliance
Lightning Source LLC
LaVergne TN
LVHW010813180726
843502LV00011B/4482